EXPOSITION UNIVERSELLE INTERNATIONALE DE 1889.

ALBUM

DE

STATISTIQUE GRAPHIQUE.

par E. Cheysson

EXTRAIT DES NOTICES

SUR L'EXPOSITION DU MINISTÈRE DES TRAVAUX PUBLICS.

PARIS.

IMPRIMERIE NATIONALE.

M DCCC LXXXIX.

ALBUM

DE

STATISTIQUE GRAPHIQUE.

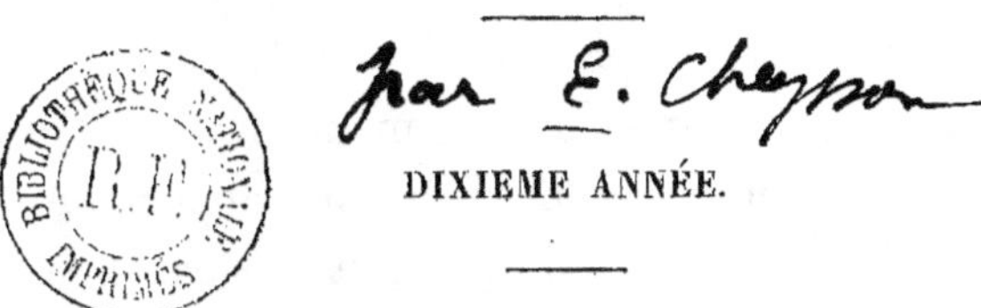

DIXIEME ANNÉE.

Statistique graphique. — Il n'est presque pas aujourd'hui de branche de l'activité humaine qui ne recoure à la statistique graphique. Elle répond, en effet, de la manière la plus heureuse à un double besoin de notre époque, qui veut à la fois des renseignements rapides et précis : or les procédés graphiques remplissent à merveille ces deux conditions. Ils nous permettent, non seulement d'embrasser d'un seul coup d'œil la série des phénomènes, mais encore d'en signaler les rapports ou les anomalies, d'en trouver les causes, d'en dégager la loi ; ils remplacent avantageusement les longs tableaux de chiffres, de sorte que, sans nuire à la précision de la statistique, ils en étendent et en vulgarisent les bienfaits.

Le Corps des ponts et chaussées de France peut à bon droit revendiquer une part importante dans l'emploi et la vulgarisation de ces procédés. M. Minard a été l'un des premiers à les appliquer, et il en a montré, par ses beaux tra-

vaux, la fécondité et la souplesse. M. l'inspecteur général Lalanne, membre de l'Institut, en a, de son côté, élevé la portée scientifique et a fait faire de remarquables progrès au calcul par le trait.

Cette méthode n'a pas seulement l'avantage de parler aux sens en même temps qu'à l'esprit, et de peindre aux yeux des faits et des lois qu'il serait difficile de découvrir dans de longs tableaux numériques. Elle a, de plus, le privilège d'échapper aux obstacles qui restreignent la facile diffusion des travaux scientifiques et qui tiennent à la diversité offerte par les différentes nations sous le rapport de leurs idiomes et de leurs systèmes de poids et mesures : ces obstacles sont inconnus au dessin. Un diagramme n'est pas allemand, anglais ou italien; tout le monde saisit immédiatement ses rapports de mesure, de surface ou de coloration.

La statistique graphique est ainsi une sorte de langue universelle, qui permet aux savants de tous les pays d'échanger librement leurs idées et leurs travaux au grand profit de la science elle-même.

Fondation de l'album de statistique graphique. — Aussi, le Ministère des Travaux publics, comprenant toute l'importance de ce mode de représentation, a-t-il, par un arrêté du 12 mars 1878, décidé la publication annuelle d'un album de statistique graphique, consacré aux faits économiques, techniques ou financiers qui intéressent les travaux publics, soit directement, soit par voie de répercussion.

L'album de 1879 a été la première application de cette mesure. Depuis lors, huit autres albums ont paru; le dixième sera prochainement distribué, et la plupart de ses planches figurent à l'Exposition.

Fondée sous la direction de M. E. CHEYSSON, ingénieur en chef des ponts et chaussées, qui a été de 1877 à 1885 directeur des cartes, plans et archives et de la statistique graphique, la publication de l'album a été, depuis la suppression de cette direction en 1885, rattachée au 3e bureau de la 1re division du personnel, du secrétariat et de la comptabilité par l'arrêté du 28 mars 1885, tout en restant confiée, jusqu'à nouvel ordre, à M. CHEYSSON.

Planches de fondation. — Les planches de ces albums peuvent se ranger en deux catégories distinctes : celle « des planches de fondation », qui reparaissent tous les ans et permettent ainsi de suivre les variations annuelles d'un même fait ; celle des « planches spéciales », se rapportant à des faits d'importance plus faible ou d'allure plus lente, dont il suffit dès lors de constater les variations à de plus longs intervalles.

Les planches de fondation sont les suivantes :

CHEMINS DE FER.

Recettes brutes kilométriques ;
Recettes nettes kilométriques ;
Tonnage moyen de petite vitesse ;
Mouvement moyen des voyageurs ;
Recettes brutes des stations ;
Tonnage et mouvement des voyageurs par station.

NAVIGATION.

Tonnage des voies navigables et des ports ;

Décomposition de ce tonnage :

    a. Par courant de transport [1];

    b. Par nature des marchandises;

Chômage des voiesnavigables.

Planches spéciales. — Quant aux planches spéciales, elles ont touché aux sujets les plus variés, en conservant toujours une place d'honneur aux chemins de fer, à raison de leur importance considérable dans l'économie générale du pays.

On ne s'est pas d'ailleurs borné à la France, on a cru bon de franchir souvent nos frontières pour procéder à des comparaisons internationales qui éclairent d'un jour très vif les faits locaux. On voit bien mieux chez soi, après ces excursions à l'étranger.

Il a de même semblé utile de ne pas s'enfermer exclusivement dans les faits actuels et de jeter parfois un coup d'œil en arrière, en vue de rapprocher dans des relevés synoptiques le présent du passé.

Pour donner une idée de la variété des sujets traités dans les planches spéciales, on se contentera de mentionner les suivants :

CHEMINS DE FER.

	Date de l'album.
Conditions techniques de premier établissement...................................	1880
Dépenses kilométriques de premier établissement..................................	1880 et 1882
Tonnages en 1861 et 1879.............	1881

[1] La statistique distingue les quatre courants de transport ci-après : le *trafic intérieur*, le *transit*, l'*arrivage*, l'*expédition*.

Cette décomposition et celle du tonnage par nature de marchandises, l'une et l'autre d'un très grand intérêt, sont encore à l'état de desideratum pour les

NAVIGATION INTÉRIEURE.

chemins de fer et n'ont pu être réalisées pour les voies navigables que depuis la loi du 19 février 1880, qui, en supprimant les droits de navigation intérieure, a eu pour conséquence d'enlever cette statistique aux Contributions indirectes, puisqu'elle n'avait plus un but fiscal, et de la transférer à l'Administration des ponts et chaussées.

[1] Cette étude a mis en évidence les faits suivants : presque partout au début, les voyageurs sont beaucoup plus nombreux que les tonnes, et leur transport représente la plus grosse part des recettes. Ces rapports décroissent progressivement et, dans presque tous les pays industriels, les marchandises donnent aujourd'hui la recette la plus forte. Il semble donc qu'au premier moment où elle a pénétré dans un bassin fermé, la voie ferrée y ait déterminé le déplacement des populations. Celui des marchandises n'a pas tardé à suivre et à devenir prépondérant (au point de vue des recettes), quand les courants

ROUTES NATIONALES.

CIRCULATION PARISIENNE.

NAVIGATION MARITIME.

commerciaux ont été suffisamment établis par la mise en communication des marchés.

[1] Les deux planches consacrées aux conditions de navigabilité figurent pour chaque canal : son tirant d'eau, son « tirant d'air » (hauteur libre au-dessus des ponts et tunnels), les dimensions et le nombre de ses écluses...

On ne s'en est pas tenu à ces questions qu'on peut appeler
« professionnelles » pour le Ministère des travaux publics;
mais on a également abordé celles qui peuvent réagir sur
les transports et sur les différentes manifestions de l'activité
économique pour les ralentir ou les exciter.

Planches agricoles. — Parmi ces influences, l'une des
plus décisives est celle des récoltes. Quand l'agriculture est
prospère, elle donne des produits à transporter; elle ré-
pand l'aisance dans la population et développe de proche
en proche, avec le mouvement des affaires, le déplacement
des voyageurs et des marchandises. Un fléau, qui sévit sur
une de nos cultures nationales comme la vigne, atteint de
la façon la plus grave les recettes de la compagnie qui des-
sert la région ainsi frappée.

Le transport n'est pas seulement influencé par l'abon-
dance ou la rareté des récoltes, mais encore par leur nature.
Il n'est pas indifférent pour une compagnie que la contrée
desservie produise du vin ou du blé, du sucre ou de la
viande. Chacune de ces cultures correspond, pour les transports agricoles, à des courants différents et d'inégale intensité : ainsi le vigneron, qui exporte ses produits et importe
ses aliments, sera pour une ligne de chemin de fer un
meilleur client que le laboureur qui consomme son blé.

La relation entre l'agriculture et les transports est si étroite, que les albums sont souvent revenus sur les questions agricoles : celui de 1881, par exemple, a figuré les ravages du phylloxera et celui de 1886 a consacré vingt planches à la statistique agricole décennale de 1882.

Enfin, ne pouvant reproduire ici la table des matières de tous les albums, on se bornera à mentionner encore : le mouvement du commerce extérieur de la France de 1716 à 1881 (album de 1884), celui de la population française au cours de ce siècle (album de 1884), l'étude sur le personnel des compagnies de chemins de fer et les salaires des ouvriers du bâtiment (album de 1887); l'état d'avancement des cartes à grande échelle en Europe (album de 1882).

Procédés graphiques. — Les procédés mis en œuvre appartiennent aux deux grandes catégories des *diagrammes* et des *cartogrammes*, les diagrammes convenant surtout pour exprimer les variations d'un fait dans le temps; les cartogrammes, pour exprimer ses variations dans l'espace.

Diagrammes. — Les diagrammes, généralement de forme rectangulaire [1], ont pour abcisse l'année et pour ordonnée le fait correspondant. On réunit par un trait continu ou par des gradins horizontaux les sommets de ces ordonnées, et la

---

[1] On se sert aussi avec succès des diagrammes polaires, dont les ordonnées convergent à un centre. Ils conviennent principalement aux phénomènes à périodicité régulière, pour lesquels il est bon de rapprocher les extrémités des périodes contiguës, par exemple à ceux qui ont pour base le jour, la semaine, le mois, ou les points cardinaux...

figure ainsi obtenue représente l'allure chronologique du fait dont il s'agit.

Cartogrammes. — Le cartogramme associe la géographie à la statistique et peint le fait à l'emplacement même où il s'est produit. L'album emploie de préférence trois formes de cartogrammes distincts :

1° Le *cartogramme à bandes,* où le fait est exprimé par une bande de largeur proportionnelle à son intensité le long du tracé de la voie qui lui sert de théâtre. Ainsi ce cartogramme rend de grands services pour les tonnages des diverses voies de communication. La largeur des bandes de chemins de fer, de canaux, de routes nationales figure aux yeux les débits d'un réseau fluvial qui, au lieu de rouler des mètres cubes d'eau, servirait à l'écoulement de tonnes de marchandises[1];

2° Le *cartogramme à teintes dégradées,* le plus connu, le plus populaire de tous. Il consiste en une carte géographique, dont les divisions régionales sont recouvertes de teintes nuancées suivant l'intensité du fait statistique à ex-

---

[1] Soient $t, t', t''\ldots$ les tonnages parcourant respectivement les distances $d, d', d''\ldots$ sur une section de longueur totale D. Les différentes expressions du tonnage peuvent se représenter par les formules suivantes :

Tonnage ramené à la distance entière ou tonnage moyen .... $Tm = \dfrac{td + t'd' + t''d''\ldots}{D}$

Parcours moyen d'une tonne .... $P = \dfrac{td + t'd' + t''d''\ldots}{t + t' + t'' + \ldots}$

Tonnage effectif .... $T = t + t' + t''\ldots$

Tonnage ramené au parcours d'un kilomètre. $Tk = td + t'd' + t''d''\ldots$

C'est le tonnage moyen Tm qui est exprimé par les bandes figuratives du cartogramme.

primer. Ces cartes peuvent d'ailleurs être à une ou plusieurs couleurs, la couleur unique ou les couleurs multiples étant elles-mêmes subdivisées en nuances de manière à augmenter les ressources dont dispose le dessin. C'est dans ce système qu'ont été établies la plupart des planches du recensement de la circulation sur les routes nationales, et celles de la statistique agricole (albums de 1883 et de 1886), dont les résultats apparaissent ainsi par départements;

3° Le *cartogramme à foyers diagraphiques*. Il combine le diagramme et le cartogramme et comprend une série de diagrammes construits au chef-lieu de la circonscription qu'embrasse le fait considéré. Ce chef-lieu est une sorte de « foyer » pour le diagramme local. De là le nom du procédé. Il convient au cas où l'on veut représenter sur la carte, non plus un seul renseignement, comme dans le cartogramme à teintes dégradées, mais plusieurs renseignements juxtaposés. C'est ainsi qu'on l'a appliqué à figurer des phénomènes où intervient la notion du temps, généralement inaccessible au cartogramme, tels que les progrès successifs des chemins de fer du monde, ceux de la population française, etc., et des faits simultanés, contemporains, qui concourent à former un ensemble [1].

La statistique graphique dispose ainsi de ressources va-

---

[1] Par exemple, dans la statistique agricole (album 1886, pl. 34), pour représenter par département les modes d'exploitation, on a tracé sur le centre de chaque département, comme foyer, un demi-cercle partagé en trois secteurs, respectivement proportionnels au nombre des exploitations sous le régime du faire valoir, du métayage et du fermage. La somme des trois secteurs, ou le demi-cercle, a une surface égale au nombre total des exploitations. Ils sont d'ailleurs différenciés par des teintes conventionnelles, ce qui donne aux diagrammes départementaux l'aspect d'éventails coloriés.

riées qu'elle met en œuvre suivant les cas, de manière à trouver, pour le fait à peindre, l'expression qui lui donne le plus de relief, tout en présentant l'aspect le plus décoratif. Il faut surtout se garder de vouloir trop dire de choses à la fois, et de devenir obscur à force d'être complet. Le principal mérite, on pourrait dire, la véritable raison d'être de la statistique graphique, c'est la clarté. Si un diagramme est touffu au point de n'être plus clair, mieux vaut le tableau de chiffres dont il est la traduction.

Comparabilité des planches. — On s'est attaché, non seulement dans la série des planches d'un même album, mais encore dans celle des albums successifs, à rendre comparables les dessins qui se rapportent à des faits homogènes, par exemple, aux tonnages. Tous les cartogrammes de tonnage sur les diverses voies de communication sont à une échelle identique, aussi bien pour les artères de l'ancien réseau des chemins de fer à grande fréquentation, que pour les bandes filiformes des routes nationales. Si cette condition entraîne quelques complications pour le dessin, elle le rend beaucoup plus instructif et facilite les rapprochements entre les phénomènes voisins auxquels on ne songeait pas d'ordinaire à appliquer une commune mesure [1].

[1] On avait autrefois l'habitude d'exprimer uniquement la fréquentation des routes en colliers. Cette unité, qui a une valeur technique pour l'entretien, n'en a pas pour la statistique comparée. Aussi, dans les albums, lui a-t-on substitué la tonne (après due transformation) pour rapprocher les routes nationales des voies ferrées et fluviales. On a opéré de même à l'égard du cabotage, dont on a ramené par de laborieux calculs les mouvements de port à port à un courant unique longeant tout le littoral, et d'intensité équivalente à ces mouvements partiels.

C'est en vue de ce même résultat qu'a été imaginé, pour la statistique agricole, un nouveau procédé de cartogrammes à teintes dégradées, fondé sur les *écarts proportionnels*. Ce système [1] permet les comparaisons entre les divers aspects d'un même fait; il rattache par un lien étroit toutes les planches d'une même série qui s'éclairent l'une l'autre, au lieu qu'elles soient une simple juxtaposition de feuilles volantes, dont chacune aurait son échelle et sa langue et que le lecteur doit bien se garder d'interroger à la fois, par crainte des pièges où cette discordance pourrait le faire tomber.

Tableaux et légendes. —— La plupart des planches sont accompagnées de tableaux qui résument les principales données numériques traduites graphiquement; en outre, on a inscrit sur la figure elle-même celles de ces données qui ne nuisent pas à sa clarté, de manière à joindre la précision du chiffre au relief suggestif du dessin. Elles contiennent toutes une légende détaillée, qui définit les signes conventionnels adoptés, les sources où l'on a puisé les renseignements mis en œuvre, en s'attachant à celles qui les fournissent à la fois les plus authentiques et les plus récents [2]. Ces légendes signalent sans réticence les hypothèses que comporte le dessin, avec leur plus ou moins grand degré de

[1] Voir la description de ce système dans la notice de l'album de 1886, pages 8 à 11.

[2] Par suite du retard dans la production de la plupart des relevés officiels, les renseignements publiés par l'album se rapportent généralement à une année de deux ans inférieure à son millésime. Toutefois on est parvenu à gagner un an pour certains relevés et même deux ans pour ceux de la navigation qui ont la même date que l'album.

vraisemblance, les lacunes, les incertitudes et les desiderata des ressources dont on disposait, pour qu'on ne se méprenne pas sur la valeur des affirmations du dessin. Il importe beaucoup qu'on sache et qu'on dise ce qui est certain, ce qui est probable, ce qui est douteux : à ce prix seulement, la statistique mérite confiance et crédit.

Notices. — En tête de chaque album, une notice donne des explications sommaires sur les planches nouvelles qu'il contient, sur leurs procédés de rédaction et sur leurs particularités techniques; mais elle s'abstient de commentaires sur leur portée économique et sur les enseignements à en déduire. L'Administration n'a d'autre objet, en publiant ses albums annuels, que de préparer des matériaux d'étude, et de les fournir de bon aloi; mais elle ne se croit pas tenue de conclure. C'est là l'œuvre de tous les hommes de travail auxquels est destinée cette publication : à eux d'en dégager les conclusions à leurs risques et périls.

Format. — Le format de l'album est de dimensions assez réduites pour qu'il soit commode de le classer dans une bibliothèque et de le consulter. Cette exiguïté crée, il est vrai, au dessinateur certaines difficultés que lui épargnaient les grands formats, jadis seuls en usage; mais il a semblé qu'on ne saurait acheter trop cher l'avantage de rendre le document très maniable. On a donc accepté ces difficultés et l'on espère les avoir résolues par la finesse de la gravure et l'emploi des couleurs, qui concilient la clarté du dessin avec la réduction du format.

Depuis la création de l'album du Ministère des Travaux

publics, cet exemple a été suivi par plusieurs administrations qui se sont inspirées de ce précédent, tant en France qu'à l'étranger. L'Académie des sciences a décerné à cette publication, conjointement avec le Bulletin du ministère, le prix Montyon de statistique en 1883.

Dessins exposés. — Les vingt planches exposées sur le panneau mural ont été extraites des divers albums, et en particulier de celui de 1888. Ce panneau a été surmonté de deux planches murales à grande échelle, dont l'une représente l'accélération des voyages en France depuis un siècle et l'autre le développement des chemins de fer dans les principaux pays depuis un demi-siècle.

Ces deux planches, qui sont une sorte de contribution au centenaire de 1789, montrent d'une part les progrès accomplis dans l'extension des voies ferrées et de l'autre les transformations réalisées dans les moyens de communication. L'accélération des voyages équivaut à une réduction de l'échelle de la carte. L'homme actuel a chaussé les bottes de sept lieues et se déplace vingt fois plus vite que ses pères. Si l'on admet que son cercle d'action se soit accru proportionnellement, ce cercle couvre aujourd'hui une surface quatre cents fois plus étendue qu'il y a un siècle. C'est ce que met en évidence la carte n° 1, où l'on voit, à chaque nouveau progrès dans la vitesse des transports, les principales villes de notre pays se rapprocher du centre, comme si la carte était rétractile et finissait par se réduire aux limites du département de la Seine.

Quant à la carte n° 2, elle retrace les phases par lesquelles est passée l'œuvre des chemins de fer dans les prin-

cipaux pays du globe, les uns abordant résolument la tâche
dès les premiers jours, puis ralentissant leur allure, comme
l'Angleterre; les autres hésitant d'abord, puis, dans ces der-
nières années, marchant à pas de géant, comme les États-
Unis.

Service de l'album de statistique graphique. — M. Sébillot,
chef de cabinet du personnel et du secrétariat; M. Cheysson,
ingénieur en chef des ponts et chaussées; M. Nobécourt,
chef de division; M. Raimond-Hulin, chef de bureau;
M. Courjon, chef des dessinateurs de l'album; MM. Arelle
et Gourdault, dessinateurs.

L'exécution de la gravure des planches est répartie entre
l'Imprimerie Nationale, MM. Régnier, Clerc et Catineau,
Simon et Monrocq; celle de la reliure est confiée à M. Engel.

E. Cheysson

www.ingramcontent.com/pod-product-compliance
Lightning Source LLC
Chambersburg PA
CBHW050718070726
47597CB00009B/3687